Martin Buchholz

Das wünsch ich dir

LebensVerse

Martin Buchholz

Das wünsch ich dir

LebensVerse

Präsenz

Alle Bibeltexte sind zitiert nach der Übersetzung
Martin Luthers.
© 1984 Deutsche Bibelgesellschaft Stuttgart

© 2013 Präsenz Verlag
Gnadenthal, 65597 Hünfelden
Alle Rechte vorbehalten
Titelbild: Renate Menneke, Bad Camberg

Druck: BELTZ Bad Langensalza GmbH

ISBN 978-3-87630-230-0
www.praesenz-verlag.de

Inhalt

Das wünsch ich dir

Raum zum Träumen,
einen Traum für morgen
und den Mut, ihn heute schon zu leben,
Raum für Tränen,
echten Trost im Leiden
und den Mut, dem andern zu vergeben,

Luft zum Atmen
und den Duft des Frühlings,
die Geduld, den Winter zu ertragen,
Platz im Herzen,
einen Kreis von Menschen
und den Mut, auch Widerspruch zu wagen,

Grund zum Danken,
einen Freund fürs Leben,
eine Arbeit, täglich Brot zu essen,
Zeit zu schweigen
und auf Gott zu hören,
einen Ort, den Alltag zu vergessen,

Das wünsch ich Dir.
Das wünsch ich Dir von Herzen.
Gott behüte Deine Schritte!
Niemals gehst Du ganz allein.
Gott begleite Deine Reise!
Er wird immer bei Dir sein.

Gebet, Ende Februar

Und Gott sprach: Es lasse die Erde aufgehen Gras und Kraut, das Samen bringe,
und fruchtbare Bäume auf Erden, die ein jeder nach seiner Art Früchte tragen, in
denen ihr Same ist. Und es geschah so.
Genesis 1,11

Lieber Gott, lass Frühling werden!
Komm und reiß die Himmel auf!
Leben rege sich auf Erden!
Lieber Gott, lass Frühling werden!
Lang schon warten wir darauf.

Lieber Gott, lass Blumen blühen!
Brich die kalte Erde auf!
Kraniche solln nordwärts ziehen!
Lieber Gott, lass Blumen blühen!
Lang schon warten wir darauf.

Lieber Gott, lass Blätter rauschen!
Schenk uns einen warmen Wind!
Amselstimmen wolln wir lauschen.
Lieber Gott, lass Blätter rauschen.
Schau, wie durchgefrorn wir sind!

Lieber Gott, lass Frühling werden!
Komm und reiß die Himmel auf!
Leben rege sich auf Erden!
Lieber Gott, lass Frühling werden!
Lang schon warten wir darauf.

Ich bin so voll Unruhe, dass ich nicht reden kann.
Ich gedenke der alten Zeit, der vergangenen Jahre.
Ich denke und sinne des Nachts und rede mit meinem Herzen.
Psalm 77, 5–7

Entscheidung

Wenn sich die Tür ganz leise schließt,
durch die du grad gegangen bist,
und du stehst ganz allein vor neuem Land;
du überdenkst den letzten Schritt,
du nimmst die Welt von gestern mit,
erahnst die Spuren im verwehten Sand.

Du fragst dich, was dich hierher trieb,
bis wann die Qual der Wahl dir blieb,
ab wann es alles wie von selber lief;
dann nimmst du hin, was nun mal ist,
betrachtest, wer du heute bist,
und schreibst dir selber einen offnen Brief:

Was wollte ich, was wurde draus?
Was tat ich und was ließ ich aus?
Wie hol ich dies und jenes falsche Wort zurück?
Was träumte ich, was tat ich dann,
versäumte ich, was fing ich an?
Und welche Ziele hab ich noch im Blick?

Vielleicht hab ich zu spät geplant,
die Gunst der Stunde nicht erkannt,
vielleicht war ich noch nicht dafür bereit.
Vielleicht hab ich zu lang gedacht,
dass es ein andrer für mich macht.
Und war am falschen Ort zur falschen Zeit.

Was mich bewegt, hast du erkannt,
hältst meine Zeit in deiner Hand.
Du siehst mein Herz und trägst die Fehler mit.
Durchdringe du, Herr, meinen Tag
und das, was ich zu tun vermag!
Ich steh vor dir und geh den nächsten Schritt.

Du hast mir das Herz genommen
mit einem einzigen Blick deiner Augen.
Hoheslied 4,9

Anderland

Wie sich unsre Wege kreuzen.
Unerwartet stehst du da.
Löst dich aus der Menschenmenge.
Und wir treten uns zu nah.
So als kannten wir uns ewig.
So als wärn wir lang verwandt.
Und heut träfen wir uns wieder.
Freunde aus dem Anderland.

Wie sich unsre Blicke treffen.
So als würd ein Licht aufgehn.
Augen, die sich widerspiegeln,
dass sie sich auch blind verstehn.
So als hätten sie dem andern
oft schon tief ins Herz geschaut.
Dieser Augenblick erscheint uns
wie aus Anderland vertraut.

Was wir voneinander wissen,
ist ein unbeschriebnes Blatt.
Doch wir werden uns vermissen,
du und ich, in fremder Stadt.
Nichts gesucht und doch gefunden.
So viel haben wir erkannt.
Und wir beide sind und bleiben
Freunde aus dem Anderland.

Hab auf uns Acht

Deine Liebe ist stärker als unsere Angst,
wenn die Geister der Nacht uns bedrängen.
Breite aus deine Flügel. Halt über uns Wacht.
Mein Gott, bitte hab auf uns Acht.

Dein Erbarmen ist größer als unsere Schuld,
wenn die Schatten von gestern uns jagen.
Breite aus deine Arme. Umfange uns sacht.
Mein Gott, bitte hab auf uns Acht.

Dein Frieden ist tiefer als unser Verstand,
wenn die Fratze des Hasses uns anstarrt.
Hebe schützend die Hände. Und zeig deine Macht.
Mein Gott, bitte hab auf uns Acht!

Deine Liebe ist stärker als unsere Angst,
wenn die Geister der Nacht uns bedrängen.
Breite aus deine Flügel. Halt über uns Wacht.
Mein Gott, bitte hab auf uns Acht.

Das tut, weil ihr die Zeit erkennt, nämlich dass die Stunde da ist, aufzustehen vom Schlaf.
Römer 13,11

Es wird Zeit

Es dauert so lang, wie es dauert,
bis man eines Tages erkennt:
Du hast dich zu lang nur belauert.
Doch aufzustehn hast du verpennt.

Es dauert mal kürzer, mal länger,
bis man eine Tür schlagen hört.
Und dann stehst du draußen.
Und sagst dir von außen:
Irgendwas läuft hier verkehrt.

Nun wird es Zeit!

Es dauert so lang, wie es dauert,
bis man eine Küste erreicht.
Und dann hörst du Stimmen:
Ab hier musst du schwimmen.
Vertrau dir. Dann schaffst du's vielleicht.

Es dauert mal kürzer, mal länger,
bis man an der Felskante steht.

Dein Blick fällt ins Wasser.
Du wirst immer blasser.
Und nimmst dich nochmal ins Gebet.

Nun wird es Zeit!
Es ist immer noch Zeit,
dein Leben nicht nur zu verbringen.
Nun wird es Zeit!
Es ist höchste Zeit.
Nun musst du springen.

Ein schützender Raum

Gib mir Zeit, zu dir zu finden,
ohne dass dein Blick mich drängt.
Frag mich nicht nach guten Gründen.
Denk nicht gleich: Was er wohl denkt?
Gib mir Zeit, zu dir zu finden.
Nein, ich schweige nicht verbohrt.
Freiheit kann uns fest verbinden.
Anspruch zieht mich von dir fort.

Ein schützender Raum mit offenen Türen,
ein bergender Ort ohne Enge und Zwang,
ein Freiraum als Heimat zwischen Ferne und Nähe,
ein schützender Raum – das Leben mit dir.

Lass mich gehn, das Weite suchen.
Lass mich aus der Ferne sehn,
dass ich deine Nähe brauche.
Lass mich ruhig im Regen stehn.
Naß und kalt komm ich dann wieder,
zieh die feuchten Kleider aus.
Wärme strömt mir durch die Glieder.
Denn bei dir bin ich zuhaus.

Haben uns doch längst dafür entschieden:
Wollen unsern Weg gemeinsam gehn.
Stehen doch zu zweit in Gottes Frieden.
Stehn darin auch dann, wenn wir
einander nicht verstehn.

Ein schützender Raum mit offenen Türen,
ein bergender Ort ohne Enge und Zwang,
ein Freiraum als Heimat zwischen Ferne und Nähe,
ein schützender Raum – das Leben mit dir.

Wunschkind

Ob es dich bald geben wird,
ob du längst auf uns wartest, weiß ich nicht.
Bist du schon ein Teil von uns,
bist du wie ein Funken Himmelslicht?
Stimmt es, dass Gott dich erträumt
und du schon lange sein Geheimnis bist?
Oder stimmt es, dass nur unser Wunsch
der Vater des Gedankens ist?

Haben nicht auch viele ganz vergeblich lang
auf deinen Schrei gehofft?
Selten kamst du pünktlich.
Aber seltsam ungelegen kamst du oft.
Missbrauchen wir den Wunsch nach dir
für unsren Traum von Lebensqualität?
Bist du planbar wie ein Haus,
wie eine Schlankheitskur mit Null-Diät?

Wirst du auf Befehl von oben
dann hier unten in die Welt gesetzt?
Bist du wie ein Dauer-Auftrag,
den frau zu erfülln hat bis zuletzt?
Bist du zu erfassen als ein Teil
von einem ewig alten Plan?
Bist du nicht unfassbar? Fängt mit dir
das Leben nicht noch einmal an?

Wenn du wirklich zu uns kommst,
hat man nach deiner Meinung nicht gefragt.
Kann auch sein, dir fällt mal ein,
du hättest doch im Himmel „Ja" gesagt.
Ganz egal, wer du auch bist,
du kämst als ein Geschenk in unsre Welt.
Was sie dir verspricht, verrat ich nicht,
denn niemand weiß, ob sie es hält.

Bist du schon ein Wunder,
das drauf wartet zu geschehn?
Bist du ein Geheimnis,
das wir nur noch nicht verstehn?
Bist du nur ein Wunsch –
oder wirst du einst ein Kind,
so wie alle Menschenskinder sind?
Wie so alle Menschenskinder sind?

Deine Haut

Wie verschmolzen fließen wir dahin.
Schnee vom Sonnenlicht getaut.
Wie ein Wogen, das mich hebt und senkt,
spür ich deine Haut.

Wie versunken in dem warmen Strom,
seltsam fremd und wohl vertraut.
Wie ein Flügel, der mich schwingen lässt,
trägt mich deine Haut.

So verschlungen, unzertrennbar eins
sind wir Bräutigam und Braut.
Hingegeben und verletzlich zart
fühl ich deine Haut.

Frühling

Der Winter ist vergangen, der Regen ist vorbei und dahin. Die Blumen sind
aufgegangen im Lande, der Lenz ist herbeigekommen, und die Turteltaube lässt
sich hören in unserm Lande.
Hoheslied 2,11–12

Ich sitze und schwitze. Die Sonne scheint warm.
Ein Hauch von Frühling zieht
durch schräggestellte Fenster herein.
Ich saug ihn ein.
Brüte und brumme über Buch und Papier.
In Gedanken bin ich längst nicht mehr hier.

Das Rauschen von Blättern, ihr Glitzern im Licht
zieht mich hinaus, und draußen
riecht's nach Blumen und frischer Luft.
Was für ein Duft!
Ich schüttel den Staub ab und bin plötzlich frei.
Diesem Traum ist mein Programm einerlei.

Einfach mal den ganzen Tag verträumen.
Einfach mal der Uhr die Zeiger verdrehn –
ach, wär das schön!
Einfach mal die Pflichten schlicht versäumen,
aus sich herauszugehn –
das wär doch wirklich schön!

Ein See und ein Ufer. Und Schilf wiegt sich sacht.
Das klare Wasser liegt so ruhig,
dass es mein Bild spiegeln kann.
Es lacht mich an.
Nur nicht bewegen! Dann steht die Zeit still.
Und nur das ist es, was ich jetzt will.

Einfach mal den ganzen Tag vertrödeln.
Einfach mal der Uhr die Zeiger verdrehn –
ach, wär das schön!
Einfach mal nur sinnlos rumzublödeln,
aus sich herauszugehn –
das wär doch wirklich schön!

Ein Düsenjet donnert am Himmel vorbei
und reißt mein Bild dort auf dem Wasser
wie ein Windstoß entzwei.
Schon Viertel nach drei!
Ich muß mich beeilen. Sonst wird die Zeit knapp.
Wirklich albern, was für Träume ich hab.

Mich wundert, dass ich fröhlich bin

Aufstehn am Morgen mit Plänen und Sorgen,
mit Hoffnung und Ängsten gepaart.
Ungewiß bangend und mutig verlangend
gerat ich allmählich in Fahrt.

Was mir begegnet, womit man mich segnet,
wohin dieser Tag mich noch bringt,
weiß ich noch nicht, darum frag ich mich schlicht,
warum dieses Lied in mir singt:

Ich lebe und weiß nicht, wie lang.
Ich sterbe und weiß nicht wann.
Ich fahre und weiß nicht wohin.
Mich wundert, dass ich fröhlich bin.

Versorgt und geborgen seh ich doch am Morgen
noch nicht, was bis abends geschieht.
Und doch geh ich weiter, gelassen und heiter
erwarte ich, was mir noch blüht.

Ich lebe und weiß nicht, wie lang.
Ich sterbe und weiß nicht wann.
Ich fahre und weiß nicht wohin.
Gott weiß, warum ich fröhlich bin.

Ich beschwöre euch, ihr Töchter Jerusalems, bei den Gazellen des Feldes, dass ihr
die Liebe nicht aufweckt und stört, bis es ihr selbst gefällt.
Hoheslied 3, 5

Schläfst du schon?

Schläfst du schon? Ich bin noch wach
und denk über uns beide nach.
Du liegst da, ganz ruhig und still,
und hörst, was ich dir sagen will,
nicht mehr.

Mein Kopf ist leer, das Herz randvoll.
Ob ich dich nochmal wecken soll?
Du atmest leis. Ich lösch das Licht.
Am besten rufe ich dich nicht
aus deinen Träumen her.

Schlaf tief und fest und träume sacht!
Ich wünsch dir eine gute Nacht!
Doch eins nimm mit in deinen Traum:
Ich glaube fast, du ahnst es kaum,
wie sehr ich häng an dir.

Du teilst mit mir dein täglich Brot.
Du sitzt mit mir im gleichen Boot.
Du stillst den Sturm, der um uns tobt.
Und wenn die Angst den Aufstand probt,
bist du ganz nah bei mir.

Du machst mir nichts als Liebe vor.
Du leihst mir Auge, Mund und Ohr.
Du lachst mit mir die Schatten fort.
Ich gebe dir nochmal mein Wort:
Ich geb dich niemals her!

Schläfst du schon? Ich bin noch wach
und denk über uns beide nach.
Du liegst da, ganz ruhig und still,
und hörst, was ich dir sagen will,
nicht mehr.

Du hast mich gebildet im Mutterleibe.
Psalm 139,13

Endlich

Ich werde ein Experte für Alete
und für die rechte Fläschchen-Temperatur.
Ich übe Kinderlieder und Gebete
und robbe auf dem Boden durch den Flur.

Ich freu mich plötzlich über lautes Rülpsen
und schlafe keinen Tag mehr morgens aus.
Ich diskutier mit Freunden über Windeln
und bin am liebsten jeden Tag zuhaus.

Ich lerne, mich vor Blähungen zu fürchten,
obwohl es gar nicht meine eignen sind.
Ich mag den Laut, der sich wie „Papa" anhört,
und hab – ganz sonnenklar – das klügste Kind.

Endlich fängt das Leben an!
Ich kann es kaum erwarten.
Und wenn ich es mir leisten kann,
kauf ich ein Haus mit Garten.

Endlich fängt das Leben an.
Ich kann es kaum erwarten,
dass ich unser Türschild wechseln kann.

Ich demonstrier für Kindergartenplätze.
Ich fahr in jeder Ortschaft nur noch Schritt.
Und fährt einer zu schnell, krieg ich die Krätze.
Wenn irgendwo wer weint, krieg ich das mit.

Ich nasche nur noch heimlich Schokolade.
Ich rauch nur ab und zu auf dem Balkon.
Ich pilger über Second-Hand-Basare
und bin auf einmal Mamas liebster Sohn.

Ich muss auch gar nicht mehr ins Kino gehen.
Und Kneipen waren eh zu ungesund.
Stattdessen werd ich bunte Bilder sehen
und vorher noch den ersten Zahn im Mund.

Endlich fängt das Leben an!
Ich kann es kaum erwarten.
Und wenn ich es mir leisten kann,
kauf ich ein Haus mit Garten.

Endlich fängt das Leben an.
Ich kann es kaum erwarten …

Kinder in der einen Welt

Kinder in Fabriken, wo die Luft zum Atmen fehlt.
Kinder an der Börse
bei dem Spiel um's große Geld.
Kinder in Kampala, deren Vater sie verließ.
Kinder auf der Modenschau in London und Paris.

Wir sind Kinder in der Einen Welt.
Sind zuhaus in tausend Ländern
unter einem Sternenzelt.
Wir sind Kinder in der Einen Welt.

Kinder in Kalkutta auf den Straßen in der Nacht.
Kinder, die ein Kuscheltier
in ihrem Schlaf bewacht.
Kinder aus dem Ruhrpott,
wo die Fördertürme stehn.
Kinder, die auf Krücken
ihren Weg zur Schule gehn.

Kinder mit Computern, Roller-Blades
und Micky-Maus.
Kinder ohne Schuhe, ohne Wasser, ohne Haus.
Kinder, die in Hollywood
ein Action-Movie drehn.
Kinder, die in Sao Paulo Menschen sterben sehn.

Kinder einer bunten, grellen Welt.
Kleine, große, alte Kinder,
die kein Mensch mehr zählt.
Kinder des Planeten, den Gott immer noch
in seinen Händen hält.

Kinder, die auf dürrem Land
die Ackerfurchen ziehn.
Kinder auf der Sonnenbank
in Stuttgart und in Wien.
Kinder auf dem Müllberg von Manila
vor der Stadt.
Kinder, die das Leben irgendwo verloren hat.

Wir sind Kinder in der Einen Welt.
Sind zuhaus in tausend Ländern
unter einem Sternenzelt.
Wir sind Kinder in der Einen Welt.

Ein Mensch sieht, was vor Augen ist; der HERR aber sieht das Herz an.
1 Samuel 16,7

Egal?

Wie dein Mund beim Lachen aussieht
Und wie deine Stimme klingt
Ob dir deine Arbeit Spaß macht
Was dir da gewaltig stinkt
Ob du rosa Rosen gern hast
Wie du ihren Duft erklärst
Ob du dich vor Spinnen ekelst
Wohin du in Urlaub fährst

Wie du mit den Bäumen redest,
Heimlich, wenn kein Mensch dich hört
Welche Freunde dir viel wert sind
Was dich an dir selber stört
Ob du gern auf Partys Sekt trinkst
Oder dort am liebsten fehlst
Welches Buch dich tief berührt hat
Was du niemandem erzählst

Was du noch im Leben vorhast
Welche Liebe dir missriet
Worauf du seit langem wartest,
Dass es dir einmal geschieht
Was du Gott seit langem vorhältst
Wie du andre Menschen siehst
Ob du Angst hast vor dem Sterben
Ob du sein willst, wer du bist

Egal ist es nicht
Mag kaum weltbewegend scheinen
Doch egal ist es nicht
Jedes Herz hat sein Gesicht
Egal ist es nicht

Happy End

Ich wünsch mir wieder mal ein Happy End,
wo keiner aus Versehn sein Glück verpennt.
Ich möchte, dass es diesmal gut ausgeht.
Weil man ohne guten Schluss
die Welt nicht mehr versteht.

Ich wünsch mir wieder mal ein Happy End,
wo keiner blind in sein Verderben rennt.
Wo sich am Ende alle lieben.
Hüben und drüben.

Wo man auch hinschaut –
Rosenkriege und Scharmützel.
Die Leute kloppen sich um jeden kleinen Fitzel.
Warn sie nicht gestern noch
ein Traumpaar unter Palmen?
Und heute fetzen sie sich,
dass die Kessel qualmen.

Wie wär's, wenn Nachbarn künftig
nicht mehr prozessieren
um Gartenzwerge oder Laub vor ihren Türen?
Wie wär's, wenn wir ganz einfach
aufhörn, uns zu hassen
und den, der anders ist, in Frieden leben lassen?

Ich wünsch mir wieder mal ein Happy End,
wo keiner blind in sein Verderben rennt.
Wo sich am Ende alle lieben.
Hüben und drüben.

Es gibt Freunde, die hangen fester an als ein Bruder.
Sprüche Salomos 18,24

Freunde

Was haben wir gelacht, als wir zusammen warn!
Wie gut hat mir der Wein bei euch geschmeckt!
Dieser Abend hat mir wirklich wohlgetan.
In Gedanken stoße ich mit euch
noch einmal darauf an.

Stundenlang erzählt, geträumt und zugehört.
Hoffnungen und Ängste aufgetischt.
Später manche Last gemeinsam abserviert.
Und ihr habt euch nicht geziert
zu sagen, was euch an mir stört.

Das hab ich nicht verdient.
Verdient hab ich das nicht.
Bei euch seh ich der Liebe ins Gesicht.
Fühl mich wie ein König.
Dank euch viel zu wenig.
Freunde, eure Art ist ein Gedicht.

Sommer

HERR, wie sind deine Werke so groß und viel! Du hast sie alle weise geordnet, und die Erde ist voll deiner Güter.
Psalm 104,24

Tulipan duften.
Der Garten summt ein Lied.
Keiner mäht Rasen,
was nicht sehr oft geschieht.

Ich hab die Beine hoch gelegt
und hör den Bienen zu.
Heut wird sich nicht mehr aufgeregt.
Du laute Welt, lass mich in Ruh!

„Frieden auf Erden!"
zirpt der Grillenchor.
Und eine Amsel
singt mir etwas vor.

Wer bringt der dicken Hummel bei,
dass sie auch fliegen kann?
Heut bin ich endlich mal so frei
und fange neu zu staunen an.

Silberne Klänge,
der Garten summt ein Lied.
Ich mittendrin, der
all das hört und sieht.

Du bei mir

Du bei mir
im Meeresleuchten
Ich bei dir
in brennender Nacht
Du bei mir
über den Wolken
Ich bei dir
unter dem Mond

Du bei mir
mit meinen Fehlern
Ich bei dir
wenn du mir grollst
Du bei mir
in meinen Zweifeln
Ich bei dir
in deiner Angst

Wie wurden wir Gefährten fürs Leben?
Und welche Musik hörn nur wir zwei?
Wer schrieb das Lied unserer Liebe?
Und wie fand dein Herz das meine dabei?

Du bei mir
unser Geheimnis
Ich bei dir
in Gottes Hand

So wurden wir Gefährten fürs Leben.
Und diese Musik hörn nur wir zwei.
Wie ein Geschenk – das Lied unsrer Liebe.
Und wenn es erklingt, entdeck ich dich neu.

Weh dem, der allein ist, wenn er fällt! Dann ist kein anderer da, der ihm aufhilft.
Auch, wenn zwei beieinander liegen, wärmen sie sich; wie kann ein einzelner
warm werden? Einer mag überwältigt werden, aber zwei können widerstehen,
und eine dreifache Schnur reißt nicht leicht entzwei.
Prediger Salomo 4,10–12

Zusammen

Einer allein kann Brot und Wein nicht teilen.
Und die Würstchen sind klein,
die er sich selber briet.
Einer allein hängt hilflos in den Seilen,
ist kein anderer da, der ihn nach oben zieht.

Einer allein kann das Klavier nicht tragen.
Und auch lustig zu sein, macht solo wenig Spaß.
Einer allein hat sich nicht viel zu sagen.
Holt der Regen ihn ein, wird er alleine nass.

Doch wenn wir zusammen sind,
von der Oma bis zum Kind,
Freunde, – dann könnt ihr was erleben!
Denn wir laden alle ein.
Und dann kreisen Brot und Wein.
Keiner bleibt mit seinem Frust allein.
Und dann singen wir ein Lied,
auch die Gänse schnattern mit.
Welch ein Tag, wenn das bei uns geschieht!

Einer allein kann keinen Walzer tanzen.
Und er igelt sich ein in seiner „Ich-AG".
Einer allein ist doch ein Teil des Ganzen.
Und so lange er fehlt, tut das den andern weh.

Doch wenn wir zusammen sind,
von dem Opa bis zum Kind,
Freunde, – dann könnt ihr was erleben!
Denn dann kreisen Brot und Wein,
und wir schenken allen ein.
Keiner bleibt mit seinem Durst allein.
Und dann singen wir ein Lied.
Gottes Engel tanzen mit.
Welch ein Tag, wenn das bei uns geschieht!

Ein Tag mit Goldrand

Gestern war so einer dieser Tage,
die man schnell vergessen sollte.
Gestern war der Himmel grau in grau,
und ich stand stundenlang im Stau.
Gestern lief rein gar nix so,
wie ich es gerne hätte oder wollte.
Gestern war im Ganzen ziemlich mau.

Morgen schon, da könnten sich die Dinge
wieder gegen uns verschwören.
Morgen droht bereits von allen Seiten
schon das nächste grand malheur.
Morgen werden wir die allerneusten
Katastrophen-Strophen hören.
Morgen wird das Leben wieder schwer.

Aber heut ist ein Tag,
wie ich ihn mag.
Ein Tag mit Goldrand,
denn du bist da.

Heute ist schon morgen wieder gestern.
Glück ist eben immer momentan.
Wir sollten uns verbrüdern und verschwestern
mit dem Glück im Augenblick.
Denn der kehrt nie zurück und fängt soeben an!

Heut ist ein Tag,
wie ich ihn mag.
Ein Tag mit Goldrand,
denn du bist da.

Er hat seinen Engeln befohlen, dass sie dich behüten auf allen deinen Wegen.
Psalm 91,11

Schulweg

Jedes Mal am Morgen ist es fast das gleiche Spiel.
Komm und pack dein Pausenbrot noch ein.
Habt ihr heute Sport? Und nimm die Mütze.
Es ist kühl.
Los, du willst doch nicht die Letzte sein.

Und lange schau ich ihrem Ranzen hinterher,
bis er wippend um die Häuserecke biegt.
Ein wenig traurig
schließ ich dann die Wohnungstür.
Und ich frag mich manches Mal, woran das liegt.

Jeder neue Morgen ist ein kleiner Schritt voran.
In der Hektik leicht zu übersehn.
Doch wenn ich ihr winke,
seh ich ihrem Gang schon an:
Bald wird sie auf eignen Wegen gehn.

Geht mein Herz nicht mit ihr in die Schule?
Muss noch lernen, wie man Abschied nimmt
von den Bildern unsrer kleinen Kinder,
die schon morgen große Kinder sind.

Und lange seh ich ihrem Ranzen hinterdrein,
bis er wippend um die Häuserecke biegt.
Dort geht sie fröhlich in den neuen Tag hinein.
Gottes Engel mögen bei ihr sein!

Da sprach Petrus zu Jesus: Meister, hier ist für uns gut sein!
Lasst uns drei Hütten bauen.
Lukas 9,33

Am besten

Am besten gehst du immer dann,
wenn's grad am allerschönsten ist!
Am besten kehrst du zügig um,
wenn du grad auf dem Gipfel bist.

Am besten spürst du den Moment,
der dir nur einmal widerfährt.
Am besten wartest du nicht drauf,
dass er noch einmal wiederkehrt.

Am besten machst du einen Plan
für den day after nach Tag X.
Am besten hältst du dich daran.
denn der Tag Y kommt fix.

Am besten wär's, wenn du das tust,
doch dummerweise tust du's nicht.
Und bis du klug wirst, schluckt die Nacht
das allerletzte Tageslicht.

Saget den verzagten Herzen: „Seid getrost, fürchtet euch nicht!
Seht, da ist euer Gott!"
Jesaja 35,4

Fürchtet euch nicht mehr

Müde sind die leeren Hände.
Fallen kraftlos in den Schoß.
Was wir taten, scheint vergeblich,
die Enttäuschung riesengroß.
Haben wir zu viel erwartet
oder nur zu viel versäumt?
Ist der Traum, der uns bewegte,
einfach ausgeträumt?

Sagt es den verzagten Herzen:
Gott wird eurer Ängste Herr.
Er wird eure Hände stärken!
Fürchtet euch nicht mehr!

Weich geworden sind die Knie,
fürchten jeden neuen Schritt.
Unsre Wege wirken spurlos,
und wir kommen aus dem Tritt.
Wovor sind wir weggelaufen?
Haben wir uns nur verrannt?
Ist das Licht, das uns geführt hat,
einfach ausgebrannt?

Sagt es den verzagten Herzen:
Gott wird eurer Ängste Herr.
Er wird euch auf Händen tragen!
Fürchtet euch nicht mehr!

Tagtraumtänzer

Tagtraumtänzer am Ufer.
Leicht und fassungslos frei.
Schweben neben den Wassern
wie ein Windzug vorbei.

Tagtraumtänzer am Ufer.
Nah und unfassbar fern.
Singen Lieder der Hoffnung
wie von einem anderen Stern.

Tagtraumtänzer am Ufer.
Malen Bilder im Sand.
Schaun übers Wasser hinüber.
Sehn dort ein anderes Land.

Tagtraumtänzer am Ufer.
Nicht nur von dieser Welt.
Warten auf einen Morgen,
der die Schatten erhellt.

Kommt und seht!
Seht ihre Leichtigkeit.
Hört den Gesang und seht!
Bleibt einmal stehn
und seht! –
Ihr werdet staunen!

Ich will aufstehen und in der Stadt umhergehen auf den Gassen und Straßen
und suchen, den meine Seele liebt. Ich suchte; aber ich fand ihn nicht.
Hoheslied Salomos 3, 2

Ich vermiss dich

Silbernes Licht
tanzt verspielt auf den Kronen der Wellen.
Lampions auf den Booten;
am Himmel seh' ich Sterne zerschellen.
Der Rhein steht in Flammen,
doch mein Zug fliegt vorbei.
Einen letzten bunten Regen
gibt die Nacht noch frei.
Und ich vermiss dich.

Auf dem Weg nach Haus.
Und mein Blick klebt verloren am Fenster.
Zum Schlafen zu müde,
im Kopf grinsen grelle Gespenster.
Hab mit Reichen und Schönen
meinen Tag verbracht.
Doch viel reicher und schöner
hat dein Herz mich gemacht.
Und ich vermiss dich.

Ich steh am Bahnsteig zehn.
Und die Luft ist noch lau für September.
Die Partys sind zu Ende.
Ein Mädchen singt: Will You remember?

Dann ruft sie per Handy ihren Papa an.
Der muss sie gleich vom Bahnhof
noch nach Hause fahrn.
Und ich vermiss dich.

Mein Zug kommt verspätet.
Die Zeiger der Uhr drehn sich träge.
Das Bremsen der Räder
klingt wie eine kreischende Säge.
Wie oft hab ich hier schon die Minuten gezählt!
Wie oft hat mir dabei dein Lächeln gefehlt.
Und ich vermiss dich.

Ich liege und schlafe ganz mit Frieden; denn allein du, HERR, hilfst mir, dass ich sicher wohne.
Psalm 4,9

Müde

Die Nacht wird leiser. Stille streicht ums Haus.
Längst ruhn die Straßen
sich vom Lärm des Tages aus.
Die letzten Lichter glimmen vor sich hin.
Und ich merk, dass ich müde bin.

Nur ab und an noch
rauscht ein Auto rasch vorbei –
sekundenschnell ist es verschwunden.
In meinem Kopf sind
die Gedanken auf dem Sprung
mit Bildern aus vergangnen Stunden.

Ein leichter Wind
weht feuchte Luft zu uns herein.
Die lauten Worte sind verklungen.
Nur eine Frage noch
fliegt flüsternd durch den Raum:
Wie ist uns dieser Tag gelungen?

Was uns umklammert hat,
das lockert seinen Griff.
Es geht ein Rauschen durch die Bäume.
Der Gott, der diesen Tag in seinen Händen hielt,
sei auch der Herr all deiner Träume!

Herbst

Ein Mensch ist in seinem Leben wie Gras, er blüht wie eine Blume auf dem
Felde; wenn der Wind darüber geht, so ist sie nimmer da, und ihre Stätte kennet
sie nicht mehr.
Psalm 103,15-16

Honiggolden kommt der Herbst,
leuchtet traurigschön.
Prächtig anzusehn,
wenn die Blätter wehn.

Und die Nächte werden kalt.
Es wird später hell.
Und dann geht's zu schnell
bis zum Abendrot.

Die Welt ist bunt und riecht nach Abschied.
Dein warmer Mantel hängt im Schrank.
Komm, zieh ihn an. Sonst wirst du krank.

Wieder zieht ein Jahr vorbei.
Der Oktoberwind
treibt uns vor sich her
wie das Blättermeer.

Doch wir gehn uns nicht verlorn.
Lass mich nur nicht los!
Halt dich fest an mir
und ich an dir.

Am Marktplatz schließt der Eisverkäufer
den Laden zu und sagt Adieu.
Im nächsten Jahr kehrt er zurück.

Fang den Regenbogen

Wenn der Morgen grau ist,
wenn der Nebel bleibt,
wenn der Postmann klingelt,
wenn dir deine Ex ne Ansichtskarte schreibt.

Wenn das nackte Leben dir die Augen reibt,
schlag sie auf und sieh,
wohin dich diese eine Frage treibt:
Wie viel Zeit dir noch bleibt.

Wenn die Säbel rasseln
und die Firma rotiert,
wenn dein Haar ergraut,
doch irgendwie ist nix passiert die ganze Zeit.

Wenn das Planziel scheitert, du wirst einverleibt,
dann brich auf und sieh,
wohin dich diese eine Frage treibt:
Wie viel Zeit dir noch bleibt.

Fang den Regenbogen.
Jag den Wolken nach.
Flieg den Vögeln hinterher.
Greife nach den Sternen.
Halt die Uhren an.
Nimm den Augenblick so schwer
wie den ganzen Sand am Meer.

Wenn die Sonne blutet und der Tag sich neigt,
wenn der Weg sich gabelt
und in alle Himmelsrichtungen verzweigt.

Wenn das Licht dich blendet auf der Autobahn,
wenn das Blatt sich wendet,
aus dem keiner eine Antwort lesen kann –
wie viel Zeit dir noch bleibt.

Geschieht etwas, von dem man sagen könnte: ‚Sieh, das ist neu'? Es ist längst vorher auch geschehen in den Zeiten, die vor uns gewesen sind.
Prediger Salomo 1,10

Alles ist gesagt, nur nicht von allen

Alle Berge sind erklommen.
Alle Flüsse sind durchschwommen auf der Welt.
Alle Verse sind gedichtet.
Jede Herz- und Schmerz-Geschichte ist erzählt.
Doch für dich, da dichte
ich noch ein paar Hundert Verse dazu.
Unsere Geschichte, die ist einzigartig,
ganz so wie du!

„Alles ist gesagt, nur nicht von allen!",
hat Karl Valentin mal klug erkannt.
Nur dass die Erkenntnis lange vorher
schon im alten Buch der Bücher stand:

Alles schon mal da gewesen,
alles lang schon nachzulesen irgendwo.
Alles, was geschieht, geschah schon.
Alles, was man sieht, man sah's schon früher so.
Aber meine Augen
haben sich an dir noch nicht satt gesehn.
Denn du bist einmalig, und dich gibt's nie wieder.
So wunderschön.

Alles ist gesagt, nur nicht von allen.
Heute sag ich dir: Ich hab dich lieb.

Und ich hoff, dies Lied wird dir gefallen,
auch wenn es schon viele solcher Lieder gibt.

Alle Verse sind gedichtet.
Jede Herz- und Schmerz-Geschichte ist erzählt.
Alle Berge sind erklommen.
Alle Flüsse sind durchschwommen auf der Welt.
Doch für dich erklimm ich
jeden Berg noch einmal, wenn du es magst.
Und für dich da schwimm ich
morgen durch die Elbe, wenn du es sagst!

Und sie brachten Kinder zu ihm, damit er sie anrühre. Die Jünger aber fuhren sie an. Als es aber Jesus sah, wurde er unwillig und sprach zu ihnen: Lasst die Kinder zu mir kommen und wehret ihnen nicht; denn solchen gehört das Reich Gottes.
Markus 10,13–14

Unsere Kinder

Halt deine Hand über unsere Kinder!
Du hast dein Wort gegeben.
Halt deine Hand über unsere Kinder!
Komm und segne ihr Leben, Herr!

Halte sie fest, wenn sie frei balancieren
auf dünnem Seil mit dem Wind im Gesicht.
Halte sie warm, wenn sie zittern und frieren,
weil die Kälte der Welt in ihre Jacken kriecht.

Halte sie aus, wenn sie jammern und klagen
und aller Welt auf die Nerven gehn.
Halte sie hoch, wenn sie selber was wagen
und die Prüfung des Lebens alleine bestehn.

Halte uns aus, wenn wir sie nicht verstehen,
uns an sie klammern, weil Eltern so sind.
Halte ihr Herz, wenn sie eines Tags gehen,
und dann gib du ihnen Rückenwind!

Halt deine Hand über unsere Kinder!
Du wirst mit ihnen gehen.
Halt deine Hand über unsere Kinder!
Dein Geist soll sie umwehen, Herr!

Niemals unmöglich

Es ist aussichtslos, sagt die Einsicht.
Es geht gegen den Verstand.
Aus dem wird nichts mehr, sagt der Richter.
Solche Fälle sind bekannt.

Für Gott ist es niemals unmöglich.
Sein Geist weht dort, wo er will.
Die Hoffnung ist niemals vergeblich.
Gott bringt sie ans Ziel.

Es ist Unvernunft, sagt der Denker.
Glauben heißt: ein Luftschloss baun.
Die Beweise fehln, sagt der Zweifler.
Wie soll ich auf Gott vertraun?

Für Gott ist es niemals unmöglich.
Sein Geist weht dort, wo er will.
Der Glaube ist niemals vergeblich.
Gott bringt ihn ans Ziel.

Helfen lohnt sich nicht, sagt der Rechner,
der Erfolg in Zahlen misst.
Es hat keinen Zweck, sagt der Planer.
Und die Welt bleibt wie sie ist.

Für Gott ist es niemals unmöglich.
Sein Geist weht dort, wo er will.
Die Liebe ist niemals vergeblich.
Gott bringt sie ans Ziel.

Und Gott wird abwischen alle Tränen von ihren Augen.
Offenbarung des Johannes 21,4

Ich weiß es nicht

Du fragst mich, wo mein Gott denn war
beim Anflug auf Hiroshima.
Wo hat er sich verkrochen?
Hat er noch dabei zugesehn,
wie Menschen dort zugrunde gehn?
Hat er den Brand gerochen?

Ich weiß es nicht. Und es mag sein:
Ich wollt es gar nicht wissen.
Doch glaub ich, als die Bombe fiel,
hat sie auch Gott zerrissen.

Du fragst mich, wo mein Gott denn war
beim Angriff auf Amerika.
An dem Septembermorgen.
Hat Gott die Opfer nicht gekannt?
Hat er die Augen abgewandt,
im Himmel sich verborgen?

Ich hoffe nicht. Und es mag sein:
Ich möchte darauf hoffen:
Als Terror diese Menschen traf,
hat er auch Gott getroffen.

Du fragst, wer braucht so einen Gott,
der nichts tut in der Menschen Not
und sie darin erfrieren lässt.

Du fragst, wie ich es fassen kann,
dass Gott so viele, Frau und Mann,
von Folterhand krepiern lässt.

Ich fass es nicht. Und glaube doch:
Es ist auch nicht zu fassen,
wenn Jesus schreit: Mein Gott, warum nur
hast du mich verlassen?

Du fragst: Wie hältst du das nur aus,
an diesen Gott zu glauben?
Ich halt 's nicht aus und lass mir doch
die Zuversicht nicht rauben:
Es kommt der Tag, da finden wir
das leere Grab des Lebens.
Da wischt Gott alle Tränen ab.
Wir lieben nicht vergebens.

Leise Ahnung

Manchmal, wenn die Sonne sinkt
und der Mann im Mond aus weiter Ferne winkt,
manchmal, wenn der Tag verstummt
und das Lied der Nacht in meinen Ohren summt,
streift mich die leise Ahnung
von einer andern Welt.
Es ist die leise Ahnung,
die mir von dir erzählt.

Manchmal, wenn ein Akrobat
unterm Zirkuszelt hoch in die Kuppel schnellt,
manchmal, wenn sein Flug beginnt,
er zu schweben scheint und die Zeit gerinnt,
streift mich die leise Ahnung,
dass er den Engeln gleicht.
Es ist die leise Ahnung,
das Glück sei federleicht.

Manchmal, wenn ich mich verlier,
wenn ich unter mir den Boden nicht mehr spür,
manchmal, wenn du mich umarmst,
keine Fragen stellst und einfach zu mir hältst,
streift mich die leise Ahnung,
was Liebe tragen kann.
Mit einer leisen Ahnung
fängt mein Vertrauen an.

Mut

Das bisschen Mut lasst euch nicht nehmen!
Es tut so gut zu sehn,
dass ihr noch träumen wollt.
Das bisschen Mut lasst euch nicht nehmen!
Nehmt euch die Zeit,
die ihr nicht mehr versäumen wollt!

Zu vieles wurde totgeschwiegen.
Zu lang ist Grabesruhe eingekehrt.
Nur der ist niemals totzukriegen,
der sich für das Leben wehrt.

Zu vieles, was sich so gehörte.
Zu lang hat man getan, was man so macht.
Nur der, den das auf einmal störte,
hört noch, wie das Leben lacht.

Zu oft ist Frieden faul auf Erden.
Zu lang die Köpfe in den Sand gesteckt.
Nur der wird wieder wachsam werden,
den der Geist des Lebens weckt.

Die auf den HERRN harren, kriegen neue Kraft, dass sie auffahren
mit Flügeln wie Adler.
Jesaja 40,31

Wenn der Hoffnung Flügel wachsen

Wenn der Hoffnung Flügel wachsen,
weil das Herz sich wieder regt,
wenn das Mitleid Leiden teilt,
weil ein Schicksal es bewegt;

wenn die Zuversicht den Blick schärft
für die namenlose Not;
wenn der Trost nicht mehr vertröstet,
wo Verzweiflung droht;

wenn der Glaube zum Vertraun wird,
das nicht jede Antwort kennt,
wenn der Mund das Unrecht anspricht
und es klar beim Namen nennt;

wenn das Herz nicht nur barmherzig
mit den eignen Schwächen ist,
wenn der Kopf nicht alle Menschen
am Erfolg bemisst;

wenn die Liebe auch die Fremden
und nicht nur die Freunde liebt,
wenn die Hand nicht alles festkrallt,
sondern etwas von sich gibt;

wenn der Hoffnung Flügel wachsen,
weil das Herz sich wieder regt,
dann hat Gottes Geist
das Herz bewegt.

Winter

Leiser Winter. Wir suchen unsre Träume.
Wandern ziellos durch verharschten Schnee.
Finden Wasser, das im Fluss erstarrte:
Tausend Formen bunter Phantasie.

Leiser Winter. Wir kühlen alte Wunden.
Unser Blick trifft ruhiges, weißes Land.
Sehen klarer, was Vertrauen störte:
Leere Worte, besser ungesagt.

Leiser Winter. Wir lösen manche Ängste
aus der Klammer täglich gleichen Trotts.
Heben langsam lang verkrampfte Schultern.
Sorgenfetzen rieseln wie der Schnee.

Leiser Winter. Gott führt uns in die Stille.
Wir verharren wie kristallnes Eis.
Atmen tiefer. Frieden kann sich breiten
und uns leiten in den neuen Tag.

Fürchte dich nicht, denn ich habe dich erlöst; ich habe dich bei deinem Namen gerufen; du bist mein.
Jesaja 43,1

Gott flüstert deinen Namen

Für unsere Tochter Dana Johanna

Manchmal wirst du fragen, wer du bist.
Manchmal fühlt das Herz sich schwach und klein.
Doch ich wünsch dir, dass du nie vergisst:
Was auch kommt, du bist niemals allein.

Fürchte dich nicht!
Gott flüstert deinen Namen.
Und er schenkte deinem Herzen sein Gesicht.
Fürchte dich nicht!
Gott flüstert deinen Namen
und wird halten, was er liebevoll verspricht.

Manchmal wirst du wie durch Feuer gehn.
Manchmal wird nur Nebel um dich sein.
Manchmal ist das Ziel nicht mehr zu sehn.
Doch auch dann gehst du niemals allein.

Fürchte dich nicht!
Gott flüstert deinen Namen.
Und er trägt dich durch den Nebel in das Licht.
Fürchte dich nicht.
Gott flüstert deinen Namen
und wird halten, was er liebevoll verspricht.

Fürchte dich nicht!
Gott flüstert deinen Namen.
Damit rief er dich ins Leben als sein Kind.
Gottes Geschenk –
so lagst du in unsren Armen.
Und wir freun uns, dass wir deine Eltern sind.

Einer trage des andern Last.
Galater 6,2

Lehn dich an

Lehn dich an!
Komm, lass dich gehen!
Nimm Reißaus in meine Arme hinein.
Lehn dich an!
Komm, lass dich gehen!
Komm her und kehr bei mir ein.

Die Last des Tages bleibt draußen.
Sie hat dich lang genug geplagt.
Die ungelösten Probleme
hast du lang genug beklagt.
Es ist genug vorgefallen.
Nun lass dich fallen – und ich fang dich auf.

Lass außen vor, was dir nachgeht;
denn du änderst nichts daran.
Du bist bis hierher gekommen.
Fang dort morgen wieder an!
Du brachtest vieles zu Wege.
Wohin es geht, hast du nicht in der Hand.
Nun lass die Dinge in Frieden,
denn sie sind von Gott erkannt.

Lehn dich an!
Komm, lass dich gehen!
Nimm Reißaus in meine Arme hinein.
Lehn dich an!
Komm, lass dich gehen!
Komm her und kehr bei mir ein.

Nun ist dein Engel gekommen

Für Oma Erlen, April 2004

Nun ist dein Engel gekommen.
Auf leisen Sohlen aus Licht
Hat er dich mit sich genommen.
Sprach zu dir: Fürchte dich nicht!

Hell steht die Sonne am Himmel.
Schau, wie dein Garten erblüht,
Den du so innig geliebt hast.
Abschied kommt meistens verfrüht.

Viel wollten wir dir noch sagen.
Vieles von dir gern noch hörn.
Was wir versäumten zu fragen,
Soll deine Ruhe nicht störn.

Wir sehn dir nach und sind traurig.
Legen dich in Gottes Hand.
Und werden dankbar für alles,
Was uns im Leben verband.

Nun ist dein Engel gekommen.
Auf leisen Sohlen aus Licht
hat er dich von uns genommen.
Gott sagt uns: Fürchtet euch nicht!

Euch ist heute der Heiland geboren, welcher ist Christus, der Herr, in der Stadt Davids. Und das habt zum Zeichen: ihr werdet finden das Kind in Windeln gewickelt und in einer Krippe liegen.
Lukas 2,11–12

Völlig anders als erwartet

Völlig anders als erwartet –
so kommt Gott zur Welt.
Überrascht uns mit sich selber,
wie es ihm gefällt.

Dort im Stall: Das nackte Leben.
So zerbrechlich, zart und klein.
Hört den ersten Schrei des Kindes:
Gott wird mit uns sein.

Dort im Stall: Das nackte Leben.
Von der Nabelschnur getrennt.
Hört die Mutter leise flüstern,
die das Kind beim Namen nennt.

Dort im Stall: Das nackte Leben.
Spürt die Windeln und das Stroh.
Seht die staunenden Gesichter:
Gott gefiel es so.

Völlig anders als erwartet –
so kommt Gott zur Welt.
Überrascht uns mit sich selber,
wie es ihm gefällt.

*Die Mädchen freuen sich und tanzen, Jung und Alt sind fröhlich. Ich werde sie
trösten; ich verwandle ihre Trauer in Jubel, ihren Kummer in Freude.*
Jeremia 31,13 (Gute Nachricht Bibel)

Tanzen

Angel zieht zur Feier dieses Tages
seinen besten roten Poncho an.
Nasoa aus Uganda kocht Matooke,
und sie übt ihr Lieblingslied.
Mohana, die gelähmt war, kommt aus Indien
gerannt, viel schneller als sie kann.
Joao aus Brasilien bringt Forro-Musik
und auch sein Meerschwein mit.

Und ich seh in die Gesichter.
Es ist wie ein bunter Traum.
Und sie kommen immer näher,
Hand in Hand, man glaubt es kaum.
Und die Welt wird klein, ein Dorf muss sie sein.
Denn von überall trifft noch einer ein,
bis es losgeht.

Ich seh sie tanzen.

Teo vom Victoria-See hat Mangos in der Schürze,
alle frisch gepflückt.
Dana kommt im Zauberkleid aus Köln
und winkt den anderen wie wild.
Pia aus Olongapo hat keine Angst
vor Männern mehr und lacht entzückt.
Der blinde Alemaju aus Äthiopien
malt ein großes buntes Bild.

Und ich seh in die Gesichter.
Wie in eine andre Welt.
Wie ein bunter Regenbogen,
in dem jede Farbe zählt.
Und das Fest beginnt, ein Taumel im Wind.
Und ich mach mich klein und seh wie ein Kind,
dass Gott lächelt.

Ich seh sie tanzen.

Nun aber bleiben Glaube, Hoffnung, Liebe, diese drei; aber die Liebe ist die größte unter ihnen.
1 Korinther 13,13

Alles Liebe

Wie der alte Mann den Garten pflegt,
wie er Blumensamen in die Erde legt.
Wie er vorsichtig die Tulpen gießt,
wie er Blatt für Blatt mit zarter Hand verliest.
Wenn ein Pärchen durch den Park spaziert,
wenn er sie umarmt und sanft ihr Haar berührt.
Wenn ein Kind mit allen Bonbons teilt,
wenn ein Freund dem anderen zu Hilfe eilt.

Wie die blinde Frau nach oben sieht,
wo ein Regenbogen in den Wolken glüht.
Wie ein Mädchen ihr das Bild beschreibt,
bis der Wind die Farben auseinander treibt.
Wenn zwei Nachbarn sich gemeinsam traun,
ihren Jägerzaun einfach abzubaun.
Wenn die Kinder nun zusammen spielen,
und die Väter gleich für alle Würstchen grilln.

Wie das Baby sich ins Leben schreit.
Seine Mutter wiegt es voller Zärtlichkeit.
Wie der Mann die Nabelschnur durchtrennt,
wie er lachend mit dem Kind durch 's Zimmer
rennt.

Wie die Hirten vor der Krippe stehn
und kaum glauben wolln, was ihre Augen sehn.
Wie der Himmel auf die Erde kommt,
wie Gott selber nun bei seinen Menschen wohnt,

Das ist alles Liebe. Parle moi d'amour!
Alles das ist Liebe! All you need is love, my baby,
heute and tomorrow et toujours.

Leicht

Elefanten können schweben,
tanzen Walzer durch den Saal.
Und auf meterhohen Wellen
reitet heut ein schwerer Wal.

Das Rhinozeros fährt Skateboard,
und der dickste Mann der Welt
schwingt sich in die Hängematte.
Und die Hängematte hält.

Leicht, leicht, leicht,
heute sind sie alle federleicht.
Leicht, leicht, leicht, federleicht.

Alle Steuerformulare
fülln sich wie von selber aus.
Die Finanzbeamten staunen
und gehn heute früh nach Haus.

Die Computer funktionieren.
Das EU-Recht leuchtet ein.
Und entspannte Grenzsoldaten
lassen heute jeden rein.

Leicht, leicht, leicht.
Heut ist alles einfach kinderleicht.
Leicht, leicht, leicht, kinderleicht.

Gestern machte ich mir Sorgen,
und mein Herz wog zentnerschwer.
Heute denk ich nicht an Morgen.
Dafür freu ich mich zu sehr,
dass die Welt mich grad so gern hat
und der Himmel dazu lacht.
Nur ein Blick aus deinen Augen
hat mein Herz so leicht gemacht.

Leicht, leicht, leicht.
Deine Liebe macht mich federleicht.
Leicht, leicht, leicht, kinderleicht.

Er nahm Knechtsgestalt an, ward den Menschen gleich und der Erscheinung nach als Mensch erkannt.
Philipper 2,7

Menschensohn

Kommt zur Welt bei armen Leuten.
Stirbt verraten und verkauft.
Unterbricht den Lauf der Dinge –
Steht lebendig wieder auf.

Ist den Menschen neu erschienen.
Macht der Liebe Hand und Fuß.
Geht durch alle unsre Wände.
Und entbietet seinen Gruß.

Frieden bringt er in die Häuser.
Treibt die Furcht zur Tür hinaus.
Hält sich nicht an unsre Regeln.
Seine Welt sieht anders aus.

Schenkt den Lebensmüden Flügel.
Leiht den Armen sein Gesicht.
Lässt die Schlauen dumm aussehen.
Geld und Macht zähln bei ihm nicht.

Müsste wie ein König herrschen.
Hat verzichtet auf den Thron.
Steigt herunter, uns entgegen.
Jesus Christus, Menschensohn.

Kommt zur Welt bei armen Leuten.
Stirbt verraten und verkauft.
Unterbricht den Lauf der Dinge.

Jahreswende

Auch bis in euer Alter bin ich derselbe, und ich will euch tragen,
bis ihr grau werdet.
Jesaja 46,4

Schnee legt sich sacht auf die Straßen,
bekleidet sie unschuldig weiß.
Darunter ruht, was wir vergaßen,
barmherzig verschwiegen und leis.

In der eiskalten Nacht scheint die Zeit zu gefriern
zwischen dem, was noch kommt und was war.
Es tut gut, deine Hand warm in meiner zu spürn.
Wir warten auf ein neues Jahr.

Schwer hängt der Schnee in den Zweigen.
Die Äste knarrn ächzend und hart.
Sieht aus, als ob sie sich verneigen
zum Abschied auf würdige Art.

In der eiskalten Nacht beißt die Luft ins Gesicht.
und die Sterne stehn strahlend und klar.
Unser Blick geht hinauf, sucht ein klärendes Licht.
Wir warten auf ein neues Jahr.

Wind wirbelt Schnee durch die Gassen,
ein Schauer aus hellem Kristall.
Auch ich möcht mich so treiben lassen.
Fängst du mich auf, wenn ich fall?

In der eiskalten Nacht scheint der Morgen noch weit.
Nur die Hoffnung ist unfassbar nah:
Einer hält und erträgt uns in künftiger Zeit.
Wir warten auf ein neues Jahr.

Nachspiel

Meine Texte in diesem Buch sind als Liedtexte
entstanden. Die ältesten begleiten mich schon seit
25 Jahren. Viele der Lieder haben ihren Weg von
CD und Konzertbühne hin zu Kirchengemeinden
und Chören gefunden. Und zu den Schleswig-
Holsteiner Pfadfindern, die am Lagerfeuer gern
„Mich wundert, dass ich fröhlich bin" singen.

Für mich sind diese Lieder wie kleine Haltestel-
len und Wegmarkierungen auf meiner Reise.
Momentaufnahmen, die widerspiegeln, was mir
unterwegs durch Kopf und Herz ging. In der
Hoffnung, dass auch Sie darin Verse finden, die
Sie ein Stück auf Ihrem Weg begleiten, habe ich
sie in diesem Buch zusammengestellt.

Alles Liebe!

Martin Buchholz

www.martinbuchholz.com

Verzeichnis der Lieder auf CD

Ein Tag mit Goldrand
Alles ist gesagt, nur nicht
von allen

**Martin Buchholz. Das wünsch
ich dir.**
LIVE © 2012 Martin Buchholz
Nur als mp3-download
erhältlich bei iTunes /amazon
Das wünsch ich dir LIVE
Freunde LIVE
Einfach mal LIVE
Mich wundert, dass ich
fröhlich bin LIVE
Nun ist dein Engel gekom-
men LIVE
Schulweg LIVE
Gebet, Ende Februar LIVE
Menschensohn LIVE
Egal? LIVE

**Anselm Grün liest: Vom Zauber
des Lebens.**
Mit Musik von Martin Buchholz
© 2009 Kreuz/Herder-Audio
Niemals unmöglich

**Die Mütter – Kann denn Bügeln
Sünde sein?**
© Gerth Medien 2006
Endlich fängt das Leben an
(bearbeitete Version)

Bis 2013 unveröffentlicht:
Herbst
Gott flüstert deinen Namen

Verzeichnis der Textrechte

Völlig anders als erwartet
Text: Martin Buchholz
Musik: Hans Werner Scharnowski
© 1997 Kawohl Verlag, Wesel

Kinder in der einen Welt
Text: Martin Buchholz
Musik: Eberhard Rink
© 1998 Felsenfest Musikverlag,
Wesel

Wenn der Hoffnung Flügel
wachsen
Text: Martin Buchholz
Musik: Eberhard Rink
© 1998 Felsenfest Musikverlag,
Wesel

Das wünsch ich dir
Text und Musik: Martin Buchholz
© 1998 Felsenfest Musikverlag,
Wesel

Fürchtet euch nicht mehr
Text und Musik: Martin Buchholz
Musik: Martin Buchholz
Hans Werner Scharnowski
© 2001 Felsenfest Musikverlag,
Wesel

Egal?
Wunschkind
Jahreswende
Alle: Text und Musik:
Martin Buchholz
© 2001 Felsenfest Musikverlag,
Wesel

Freunde
Unsere Kinder
Gartenlied
Happy End
Ich weiß es nicht
Tanzen
Du bei mir
Alles Liebe
Alle: Text und Musik:
Martin Buchholz
© 2004 Felsenfest Musikverlag,
Wesel

Alle anderen Texte:
© Martin Buchholz